JN410198

꿈꾸는 詩

국립중앙도서관 출판예정도서목록(CIP)

꿈꾸는 詩 : 김영수 시집 / 지은이: 김영수. -- 대전 : 지혜
: 애지, 2015
p. ; cm. -- (지혜사랑 ; 129)

ISBN 979-11-5728-035-3 03810 : ₩10000

한국 현대시[韓國現代詩]

811.7-KDC6
895.715-DDC23 CIP2015021936

지혜사랑 129

꿈꾸는 詩

김영수

지혜

시인의 말

십 년 경영하여 초가 삼 칸 지었더니
나 한 칸 달 한 칸 청풍 한 칸
강산은 드릴 데 없으니 둘러두고 보리라

휴정산사의 말씀은 내 삶과 시의 이정표였다

꺼럭도 채 뻗지 못한 어설프고 설익은
나의 영혼에 휴정선사 말씀 둘러치고
꿈꾸는 시 속으로 한 발 한 발
다가가며 살려 한다

2015년 한여름
김영수

차례

2부 조각보자기

3부 수도암 청개구리

4부 초록 공명

• 일러두기
한 연이 첫 번째 행에서 시작될 때는 > 로 표시합니다.

1부

꿈꾸는 詩

詩

절 하나 짓는 것이
평생 소원인 목수
오늘도 나무를 깎고 다듬어
기둥을 세우고 대들보를 올린다

'사지가 어긋나 뒤틀렸어'
노스님 벽력 같은 불호령에
혼비백산 허물고 다시 맞추어
서까래를 올렸지만

'이음새 하나가 천 년을 지탱하는 거야'
또 불호령!
'아직도 아홉 번은 다시 해야 돼
용마루가 올라가려면'*
오늘도 목수는 기둥을 세우고
대들보를 올린다

* 구정선사 수행 방편.

풍경

물고기 한 마리
절집을 마구 흔들며 몸부림치네

허공에서 대롱대롱
파도타기하네

맑은 물소리 쏟아내네
땡그랑 땡그랑
용궁 항아님들 패옥소리

솔바람 파도소리
막무가내 보채네

꿈꾸는 詩

호랑나비가 사랑하는 꽃

그 씨 하나 얻으려고 일 년

그 꽃 보려고 다시 일 년

모과

지지리 못난 열매
가슴에 가득 고인
천지의 향기

서릿발 이고서야

노을

다시는 보지 않으리

슬픈 노래를

부르게 하는

저녁

노을……

지하수

한 모금 지하수도 떠올리지 못한 채
하얗게 지새운 새벽

누구에게나
지하수는 있다는데

목만 타는 詩

이 녹슨 펌프에
마중물 부어줄
누구 없을까?

소망

평범한 사람들은
볼 수 없는
시인의 눈

평범한 사람들은
들을 수 없는
시인의 귀

평범한 사람들은
가질 수 없는
시인의 가슴

꽃다운 이름을 지닌
꽃이 아닐지라도

파란 하늘 아래
활짝 피는
꽃이길

한 평 뜰일지라도

그림자

아무도 따라와 주지
않았다

저 홀로
따라나서는
이 내 동반자

들꽃 시

화단에 키우는
장미 백합 다알리아
글라디올러스 같은
화려하게 으쓱대는
꽃보다

양지바른 산기슭에
오물오물 아기자기 핀
싸리꽃 칡꽃 타래난초 같은
소박한 詩 써보고 싶다

기다림

일초 이초 삼초
쌓이는 시간
벨소리는 들리지 않고

창밖 석류나무에
가을 햇살 받아
빼알간 석류알
심장 고동소리 빨라지고

숨죽여 귀만 세우는
초조한 하루

연꽃

이수泥水에서
목을 빼고
하늘을
우러러
저리도
고운 웃음을

매미 허물

여름 끝자락 그렇게도
자지러지게 절규하더니
허물만 오붓이 남겨두고
의연하게 떠났구나

손톱 발톱까지
두명하게 비운
말간 네 허물이
서럽도록 곱구나

시여, 그대를 놔주마

처음 그대를 보았을 땐
참 아름다운 세상도 있구나 생각했지요

두 번째 그대를 보았을 땐
자석에 끌린 듯이 사랑하고 싶어졌지요

변화하는 세상에서 그대를 보았을 땐
남모르는 호사스런 고독을 느꼈지요

마지막 그대를 보았을 땐
아주 놓아버리자고 슬퍼하며
바다 기슭 해무 속으로
한없이 걸었지요

2부

조각보자기

개밥바라기

보석처럼 빛나는 저 별이
개밥바라기별이란다
초저녁이면 서쪽 하늘에
제일 먼저 반짝거리며
개밥 잘 주나 지켜보고 있지
부처님도 저 별을 보고 성도하셨단다

유년시절 할머니 말씀 생각나
하늘을 보니 별은 아직 보이지 않고
낮에 깎아 버린 내 손톱이
산등성이에 초승달로 걸터앉아
나를 보고 눈맞춤하자 하네

무심히 지나쳐 버리던
사소한 것도
잠시 눈빛만 주면 이렇듯
마음속에 작은 희열을
건져 올릴 수 있구나

조각보자기

조각보자기는
할머니의 연보
자서전이다

기, 승, 전, 결
네 귀를
한 땀 한 땀 맞추어
바늘로 쓴 詩다

조각보자기는
할머니가
흥얼흥얼 부르시던
한 서린 회심곡

지나간 세월
남루한 내 삶도
조각조각 모아 엮으면
詩가 될까

시집가던 날

그때는 몰랐습니다

무릎까지 함박눈이 쌓인 동짓달 스무날
길일 시를 택하여 새벽 세 시에
사주단자 받으시던 아버지

※부탁의 말
1. 웃어른들과 남편의 말씀 거역하지 말아라.
2. 사치하지 말아라.
3. 긴한 볼 일 없이 외출하지 말아라.
　乙未 正月 三日 十時
　　　아비 씀

정성껏 또박또박 쓰신 내훈
장롱문 안에 붙여주시고
"열 때마다 명심해라"
두 손 꼭 잡고 하신 약속이
봄이 오기도 전에 마지막
유언장이 되고 말 줄이야

>

반백 년이 지난 지금도
가족 앨범 첫 장에 유일한
유산으로 생생한데
오십 그때로 멈춰 계신
아득한 아버지 모습

산 부처 찾아 헤맨 세월

저고리 뒤집어 입고
고무신 거꾸로 신었다는
산 부처 찾아 헤맨 세월
어언 십 년

스님도 거짓말하네
늙은 스님 말에 속아
세월만 허송했네

천신만고 끝에
삐걱거리는 몸으로
고향집 돌아오니
고무신 거꾸로 신고
저고리 뒤집어 입은 채
뛰어나와
돌아왔구나
내 아들 돌아왔구나

돌부처 앞에
오늘도 다기물 올리고

향 사르며
기도한 산 부처

어머니

화수분

선들 마을에서
제일 작은
당숙댁 오막살이

선들 마을에서
제일 큰
당숙댁 황소

황소는
동네방네
암소 다 거느리고

동네방네
논밭 다
갈아준다고 자랑

황소는 우리 집
화수분이라며
부자 부럽지 않다던 당숙

감나무

아파트 베란다 창밖에
감나무 한 그루 서 있네

해거리를 하는지
산아제한을 하는지
달랑 두 개만 열려 있네

두 개면 되었지
당신 하나
나 하나
무얼 더 바라지
그래도 그렇지
까치밥 한 개라도 더……

오늘은 나 홀로 창가에 서서
무성하던 잎 다 떨군
감나무에 매달려 있는
감 하나 바라보고 있네

우주여행

해마다 벼르기만 하던
사 남매 둥지
방문여행을 떠났다

화성에도 가 보고
목성, 금성에도
멀리 토성에도 가 보니
우리가 초록일 때 하던 모습
그대로 하면서
각자 작은 은하를 형성하며
빛을 발하고 있었다

화성, 목성, 금성, 토성 아직도 거느린
태양인 줄 알았는데
섬이 되어 있었구나
별똥별이었네

마음으로 보지 못하고
멀리서 눈으로만 바라봐 왔구나
품안 자식이라더니

>

사람은 가끔 외로워질 때
다시 태어나나 보다
별똥별도
언젠가는 산화되겠지

병이 스승인 걸

퇴원하던 날
보살님 법당 대수리하셨다면서요
금생은 큰 걱정 안 하셔도 되겠습니다
하시던 큰스님 말씀도

아랫목에 누워 살아도
목숨만은 붙어있게 해달라던
남편의 절규도
그땐 몰랐습니다

세포조직 같다는
가족의 소중함도
눈이 부시도록 찬란한 저
태양도 바라볼 줄
그땐 몰랐습니다

내가 나를 포기하지 않는다면
다 타버린 잿더미 속에서도
재를 털고 살아 기어 나오는 작은 생명체가 있고
파란 새싹 움트는 나무가 있어 산은 또 푸르듯이

어둡고 긴 터널을 지난 후에야 알았습니다

샛별처럼 반짝이는 마을

저녁연기 모락모락 피어오르고
개심사 저녁 목탁소리 따라
가야산 자락 타고 내려오는 나뭇짐들
송이버섯 같은 초가지붕
소복소복 모여 살던 마을

워추리 할미꽃 피고
취나물 지천이던 뒤란 장독대
정화수 떠놓고
삼백육십오일 기도하시던
하얀 할머니 손

칠흑 같은 밤
방문을 대낮같이 비추면
할머니는 쉿,
대숲에 가야산 호랑이 내려왔다고
서둘러 문고리에 수저 꽂아 잠그시고
떨고 있는 나를 꼭 보듬어주시던

진달래 피고 지고 칠십 해가 지난 지금도

아득한 밤하늘 샛별처럼 반짝이는
어릴 때 살던 그 마을

가을 편지

서울에서 서산
예고도 없이 전화 한 통화로
천안역 새마을호 열차 안에서 만나
직지사까지 묵언정진 약속하고 달리던
지금도 밤하늘 샛별처럼 생생한데
강산이 세 번이나 변하도록

언니는 생각하는 것만으로도
빛나는 존재라며
몸으로 시를 쓰는 여인이라고
언니를 만나야 시상이 떠오른다던 혜자
서로가 백아와 종자기라며
웃음으로 지새우던 밤

인자하게 반겨주시던 응집전 나한님들
오백 년 풍상에 고목이 된 감나무
임금님께 진상했다는 감 몇 개 달고
멍든 잎 하나하나
하염없이 날리고 있겠지
명월당 앞 황금빛 모과는 얼마나 탐스럽고
오색 단풍은 또 얼마나 고울까?

쟝 꼭도에게

우주가 무너지고
칠흑 같은 밤 슬픔의 강을 건널 때
당신은 빛으로 다가와
생. 노. 병. 사 순리를 인정하라고

-네가 죽으면 너의 영혼은
신비롭고 아름다운 대양에
신선한 원소로 돌아간다-

백 년 이백 년이 지난
멀고 먼 나라 이곳까지
빛으로 발하는 당신의 시는
화엄경이었습니다

굽이굽이 휘감기는 슬픔
안으로 접어 삭히고
경건한 마음으로
새 봄 맞이하겠습니다

실버타운

여름 한철 무성하던 잎
다 떨구고
마지막 남은 잎새 하나
마저 떨군
홀가분한 마음도
잠시
첫서리 몸에 감고
옹기종기 모여 앉아
어디로 가자는 속삭임일까

어느 누가
지는 해를 장엄하다 했는지

3부

수도암 청개구리

빈손으로

이끼 푸른
옹달샘
개구쟁이들이
깔깔대며
손종구락으로
물을 떠 마신다

길 가던 나그네
한참을 바라보더니
중얼중얼
허리춤에 찼던 표주박
던져버리고

빈손으로
가던 길 가네

수도암 청개구리

참선하던 청개구리
볼 일이 급했는지
연 잎사귀에
펄쩍 뛰어 오르더니

사리일까
수정일까
알알이 맺히네

대흥사 동백

독경소리
귀에 담고 하산하는 길

흠뻑 물오른 동백꽃

간 밤 쾌락에
홀라당 드러낸 노란 속살
미처 치마폭도
여미지 못한 채
요절한

연

망망 하늘
흰 구름 잡아 타고
소슬히 가버린
그리운 그 얼굴

방생

높이 뜬구름 곁에도
가을 향기 흐르는 날

서로 큰 고기 하겠다고
아귀다툼하는
보살님들

황국黃菊으로 모닥불 놓은
골짝
노오란 범종소리

원앙

동파정 피풍사를 꿈꾸셨나?
뒷담은 대나무 숲으로 둘러치고
집 앞 호수 저만치
산수병풍 세워두고

춘하추동
마음껏 가려보며
머리에 서리 이는
원앙 한 쌍

香

그 자태는
고이도 무너져
한 줌 재가 되어 가는데
그윽한 내음은
내 곁에
또렷이
머물러 떠나지 못하네

그리움

눈에 밟혀 다가서고
귀에 담아 고운 소리
오매불망
내가 아낀 것
창을 열면 허공에서
보일꺼나 들릴꺼나

하얀 캔버스

호랑나비 한 마리 그려 넣으면

남은 여백

꽃밭이어라

백일홍

채송화

봉선화

과꽃

맨드라미

홀로서기

울지 말자
이르며 우는
이 뜨거운 가슴
흐르는 세월보고
식히랄 수밖에

喜壽

새 달력을 걸고 보니
희수 따라왔구나

가을이 깊었는데
이 애벌레는 아직도 나비가
못되었으니……

희수라니!

산국

상강霜降 하늘에
내던지는
국화 향기

너라고
세월이
비껴갈까

해바라기

이보게!
고개 들고 날 좀 보게나

해가 시들어 홍시되었다고
땅바라기 하고 서 있는 게야?

나도 초록일 때는
해바라기만 알았다네

한낮 풍경

청개구리
버들 타고 울면
파초잎에
후두둑후두둑 소나기

풀 먹인 빨래
거둬 안고 뛰는 아낙
육간대청 혼자 뒹구는
홀가분한 홍두께

4부

초록 공명

일지암

일지암은 오랜 세월 화두였다

초의선사 묵언을 찾아가는 길
참선하는 나무마다
낭랑한 독경소리 새처럼 앉았는데
안개비만 훌훌하다

선풍 떨치던 사사풍정四師風情*
다향에 청담淸談을 담던 일지암,
깊은 계곡 운무에 갇혀
아득하다

삼십여 년 전엔
장대비가 일지암 가는 길 지우더니

아직도 인연이 아닌가
부도 앞에 참배나 하고
돌아가라 하네

* 사사풍정 : 다산, 초의, 추사, 소치.

간월암

돼지 눈엔 돼지만 보이고
부처 눈엔 부처만 보인다고
호탕한 무학의 숨결도

만월 아래 다향에 청담 담던
경허 만공 향기도

콩크리트 축대에
나옹, 지공, 무학 허상만
덩그러니 걸려 있을 뿐

서리 맞은 고춧잎 되어
다시는 두르지 않겠다
열두 폭 치마
갈기갈기 찢고
배신의 한
내 업이요 전생에 업이요
다기물 올리고 향 사르며
기도하던 비구니
만날 길 없고

>

억겁 바다
간월암에서는 정지된
만월만 나를 반기고
염불소리 파도에 실어
무겁게 흩어지네

소피아 수녀

— 평화의 계곡 요셉의 집에서

강렬한 태양 아래 사루비아 꽃이
방금 점화된 불꽃처럼 피어오르고
돌담 입구 너럭바위엔
'청산은 나를 보고 말없이 살라하고
창공은 나를 보고 티 없이 살라하네'
나옹선사 시가 나를 사로잡는다.

알코올 중독 행려병자들과
눈높이 맞추며 북소리 장단에
춤추는 왕초 오야봉 할마시로 통하는
소피아 수녀
인생은 너나없이 각설이
지구가 무너져라 북을 치며
품바타령을 하는 탈속한 초인
지구를 품에 안아도 남을 여장부였다

남루한 작업복 자갈밭에 그을린 구릿빛 얼굴
머리에 쓴 흰 베일이 시리도록 눈부시다
얼마나 맑은 영혼을 가졌으면
저토록 아름다운 삶을 살 수 있을까

척박하고 가파른 돌산 골짝에
저리 곱게 꽃을 피울 수가 있을까?

초록의 공명

대숲을 걷노라니
장대비 내린다
대나무는 젖지 않는데
마음이 초록으로 젖는다

초록의 우주가 무너지고
쓸개 빼앗긴 곰처럼
지축이 흔들리는
천성산 지킴이로
단식 84일째

의학적으로는 불가능한 일
그러나 그는 살아 끊임없이
초록의 공명을 말하고 있다

어쩌면 그의 삶은
수많은 초록들이 자신의 생명을
조금씩 건네 준 것이 아닐는지

강 건너 불 보듯 조마조마

바라만 보며 85, 86……
날짜만 세고 있는
나도 가해자 아닐까

지금 촛불은
꺼졌을지도 모른다

연적을 보며

— 사천 선생님께

우리 집 서재에는
연적 하나가 졸고 있습니다
바위와 난초가 벗하고 있는
비색翡色 연적

백두산 가던 길에 만주땅 장춘의
골동품 가게에서
우연히 눈이 맞아 따라나선
얼마나 오랫동안 물을 만나지 못했던지
목말라 칭얼대며 따라왔다는
벽옥소연碧玉小硯*

사랑땜은 하셨는지요

백자 연적이 아니면 어떻습니까?
우리 집 난초 연적하고
짝을 지어주면

아득하고 아득한 백두산 천지 물빛
눈에 담은 묵객墨客이

사랑 초서草書 그리기엔
얼마나 호탕한
풍경이겠습니까?

* 사천 이근배 시인의 서법연구에서 따옴.

천상병 문학관에서

안면도 서해바다 청솔밭
끝자락에 둥지를 트셨군요
그렇게도 비상을 꿈꾸시더니

하늘나라 소풍 끝내고
학이 되어 하강하셨나요
하늘나라도 지상처럼 아름답던가요?

어머니 심부름으로 왔다 가신
편운 시인도 안녕하시고
이 세상 괜히 왔다 간다던
중광스님도 만나보셨겠네요

기차표 한 장 없어 못 가던 부산 누님 댁도
훨훨 날아가시겠네요
막걸리 한 사발 담배 한 갑이면
천하를 얻은 듯 호탕하게 웃으며
어린 아이들처럼 행복해 하시더니

뼛속까지 가난하시던 시인

초대받은 아침

— 사천초등학교 해변시인학교에서

청산은 안개바다에 섬이 되어 아스라이 보이고

플라타너스나무엔 참새 떼 학생들보다
먼저 조회를 하는지 짹짹 파드득거리고

넝쿨장미 잎에 밤을 지낸 잠자리
젖은 날개 파르르 털고 햇살 찾고

제왕처럼 진주로 장식한 거미줄 가운데
왕거미 미동도 않고 아침먹이를 기다리고

민달팽이 귀를 쫑긋이 세우고
사방을 두리번두리번 기지개를 켜고

하얀 배 불쑥 내민 청개구리
연잎 위에 올라 앉아
심호흡하는 모습이 앙증스럽다

제각기 몸짓으로 아침을 여는 대향연
경이로운 아침

어느 여름 날

매미 나라에도
입시지옥이 있나 보다
여의도 성모병원 나무 밑에
무더기로 떨어져
날지도 못하고 더러는 죽고
발버둥치고 신음하고 있다

나무엔 대여섯 마리
가쁜 숨을 몰아쉬고
혼신을 다해 매달려 있네

입시 발표라도 했나 보다

목청껏 울어보지도
날개를 펴보지도 못한
처절한 모습
사람들은 무심히
짓밟고 지나쳐 버린다

입시지옥은 언제나 풀릴까

소나기라도 주룩주룩
내려주었으면

이스탄불

흑해와 지중해가 교차되는 물결
동양과 서양의 맥을 잇는 숨결
실크로드 피무늬의 물결
비잔틴과 오스만 제국의 눈물

흥망성쇠의 얼룩진 흔적 따라
우리 나그네 실은 유람선
이스탄불 심장 누비며
가슴 속 스며드는 애수에
보스포루스 해협은 흐느끼며 출렁인다

이른 해의 긴 세월, 흰 서릿발 이고
구겨진 역사의 뒤안길에 서서 돌아온
오스만 제국의 비운의 마지막 황태자
동서양을 가로지른 근대식 다리 위에서
그는 무슨 상념에 잠겨 있었을까?

유년시절의 돌마바체궁전 갈매기 떼
회한의 눈물로 해후하는 기쁨
여든네 해 수많은 사연의

자기 운명에 지그시 눈 감고
고독과 허무의 응어리를
이스탄불의 눈물로 쏟아붓는다

아, 저 누멜리성도 핏빛 노을에 잠겨
눈시울 붉게 적시는구나

양유정楊柳亭

말쑥하게 단정한 양유정 공원에
첫눈이 내립니다

아이들은 그저 좋아
눈사람 만들자고 깔깔대고
우산은 저 혼자 눈에 뒹굽니다
팔각정 난간에 몸을 기대고
휘날리는 눈방울에 눈을 감아봅니다
우리는 눈을 감아야 할 이유가
너무나 많습니다
그러나 뜰 수밖에요

가까이 부춘산에도 하얗게 눈이 쌓였습니다
함박눈입니다
어쩐지 가슴이 설렙니다
며칠 전 받아본
첫 연하장 때문만도
창가에 스며오는
진한 커피 향 때문만도
한없이 내려 자취도 없이 녹아버리는

하얀 눈의 허망함 때문만도 아닙니다
다시 태어나고 싶습니다
첫눈을 안은 저 부춘산 옥녀봉처럼
씻은 듯 다시

가을 산

저 산도 한 철은
수다를 떨었었지
꽃도 달고 잎도 달고
요령도 흔들며
물소리 새소리 무던히도
수선을 떨었지

소나기 폭풍도 후두둑후두둑
잘 받아치는 떡갈나무
가지 끝에 도토리가 익을 때면
말수도 반으로 줄고
마른 바람에도 몸을
움츠리며 물든 잎 또르르 말고
도토리 알알이
잘 익은 종소리로 떨어지면
낙엽도 짐이 되는지
산은 지쳐 눕고 싶다

해설

시안詩眼의 바다, 그 순정純情한 삶의 출렁임

구재기 시인 · 충남시인협회장

시안詩眼의 바다, 그 순정純情한 삶의 출렁임

구재기 시인 · 충남시인협회장

1.

김영수의 시집 원고를 받아보고는 필자는 적잖이 놀랐다. 전에는 홍성과 서산을 사이에 두고 이따금 각종 문학 모임에서 만나본 적은 있었지만 요즈음 들어서는 통 그런 일도 없었다. 그러다가 시집 원고와 마주한 것이다. 그 동안 이렇게 시를 써왔다는 말인가. 시를 좋아하고 있는 분이라는 것을 알고는 있었지만 직접 시와 한 생활을 엮어 왔다는 사실은 전혀 짐작조차 하지 못하였다. 그러나 시 속에 들면 들수록 자신의 삶을 스스로 다스릴 수 있는 경지에 이르러 시를 쓰고 있었다는 사실을 짐작할 수 있었다. 시집 원고를 읽어가면서 필자가 문득 노자의 '상선약수上善若水'라는 말이 떠올리고 있었던 것도 바로 그러한 까닭이다.

> 가장 좋은 것은 물과 같다. 물은 온갖 것을 잘 이롭게 하면서도 다투지 않고, 모든 사람이 싫어하는 낮은 곳에 머문다. 그러므로 도에 가깝다. 살 때는 물처럼 땅을 좋게 하고, 마음을 쓸 때는 물처

럼 그윽함을 좋게 하고, 사람을 사귈 때는 물처럼 어짊을 좋게 하고, 말할 때는 물처럼 믿음을 좋게 하고, 다스릴 때는 물처럼 바르게 하고, 일할 때는 물처럼 능하게 하고, 움직일 때는 물처럼 때를 좋게 하라. 그저 오로지 다투지 아니하니 허물이 없다.

— 노자老子, 『도덕경』 부분

그는 이러한 삶을 살아오면서, 삶을 살아가면서, 삶을 바라보면서, 홀로 시를 써 왔던 것이다.

2. 시는 곧 삶이다

김영수의 삶은 시 속에 묻혀왔음을 말해주고 있다. 전체 50편 중에서 '시詩'라는 낱말이나 또는 시인詩人이 시어로 쓰인 경우의 시작품이 무려 12편이나 되었다. '시'를 소재로 하여 시를 쓰기에는 좀 쉽지 않을 것이라는 것이 필자만의 생각인지는 몰라도 12편의 시작품을 살펴본 필자로서는 시인 김영수가 얼마나 시에 대하여 깊이 생각하고 있는가를 단적으로 말해주고 있다고 여겨졌다. 김영수에게 있어서 시는 곧 삶인 것이다.

호랑나비가 사랑하는 꽃

그 씨 하나 얻으려고 일 년

그 꽃 보려고 다시 일 년

—「꿈꾸는 詩」 전문

'호랑나비가 사랑하는 꽃'이라니 아마도 참나리꽃인가 보다. 참나리꽃은 한여름의 더위도 마다하지 않고 주황색 바탕에 자주색 점을 주근깨처럼 찍어놓고 있다. 꽃송이는 비록 다소곳이 고개를 숙이고 있으나 그것이 오히려 아름다움에 수줍음의 멋까지 보여준다. 또 잎 겨드랑이에 달고 있는 자주빛 주아珠芽는 구슬처럼 아름답기도 하다. 이 참나리는 키가 크고 꽃이 화려하여 나리 중에서도 유일하게 '참'자가 붙어있으며, 꽃말은 '깨끗한 마음, 순결'이다. 참나리를 호랑나비가 좋아하여서인지 꽃이 피면 어디에선지 호랑나비가 수없이 몰려오곤 한다. 아마도 '호랑나비가 사랑하는 꽃'이기 때문일 것이다.

호랑나비는 이 참나리꽃의 '씨 하나' 얻으려고 한다. 단지 아름다운 꽃을 보려고 하지는 않는다. 우선 꽃을 보기도 전에 '씨 하나' 얻으려는 까닭은 꽃을 영원히 사랑하려 하기 때문이다. '꽃'은 떨어지면 다시 보기 어려우나 '씨'는 땅에 떨어짐으로써 새로운 생명을 얻고, 그 생명에서 싹이 자라나 다시 꽃을 피우게 한다. 그러므로 '씨'는 연속적이요 영원한 사랑을 가지게 한다. 그런 다음에서야 '그 꽃을 보려고 다시 일 년'을 더 기다리는 것이다.

화자는 호랑나비가 꽃을 사랑하듯이 그런 마음으로 한 편의 시를 기다린다. 그러나 화려하고 보기 좋은 꽃을 기다리는 것이 아니다. 참나리 같은 순결함으로 시의 씨앗을 뿌려놓고 꽃이 피기를, 즉 한 편의 시로 태어나기를 무한으로 기다린다. 그 씨에서 언젠가는 꽃 같은 시가 탄생되어질 것이라 믿고 있는 까닭이다. 시의 꽃을 기다리는 것이 아니라 시의 씨를 기다린다는 화자의 소망은 그야말로 「꿈꾸는 시」로 재탄생되어질 것이다. 그렇다면 화자가 기다린다는 시는 과연 어떠한 시가 될 것인가?

화단에 키우는
장미 백합 다알리아
글라디올러스 같은
화려하게 으쓱대는
꽃보다

양지바른 산기슭에
오물오물 아기자기 핀
싸리꽃 칡꽃 타래난초 같은
소박한 詩 써보고 싶다
—「들꽃 시」 전문

위 시작품에서 말하고 있는 '꽃'은 곧 '詩'이다. 그러나 그 내재되어 있는 의미로서의 '꽃'이나 '시'는 전혀 다르다. '꽃'은 화려한 '시'를 말한다. 겉으로 화려하게 보이고, 또 으쓱대는 시이다. 화려하고 으쓱대는 시만이 아니라 으쓱대는 것을 겉으로 화려하게 나타내 보이는 시이다. 그렇게 '화려하게 으쓱대는' 시란 무엇을 말하는 것일까? 그것은 곧 자신의 감정에 싸여 마치 넋두리를 늘어놓은 듯 표현해 놓은 시, 대상을 그저 막연한 추상적 시어를 동원하여 겉으로 사탕발림처럼 일부러 꾸며놓은 시를 말함이다.

'꽃'은 아름다움을 보여준다. 꽃에서 진정한 아름다움을 발견하게 될 때에 꽃을 바라보는 감동이 따른다. 진정한 아름다움이란 물론 겉으로 드러나는 아름다움뿐만이 아니라 알게 모르게 빠져들게 하는 가운데 느낄 수 있는 감정을 일으켜준다. 시로 말하면 시에서 받은 잔잔한 감동이 오래오래 살아남아 감성적인 삶의 향기로 나타나게 한다.

따라서 화자는 한 편의 시는 마치 인위적 · 작위적으로 조성해놓은 '화단'에서 크고 화려하게 자라나 서로의 조화로움도 없이 제 아름다움만 다투며 보여주는 것이라 하여 거부하고 있다. 아무리 화려하고 아름다운 시어들로 이루어진 시작품이라 할지라도 단지 시어를 나열해놓은데 불과하다면 어떠한 시로서의 의미는 찾아볼 수 없다.

화단의 꽃들은 서로가 다투듯이 보여주고 있는 꽃들로 이루어져 있다. 이에 비하여 화자가 바라는 시는 아예 인위적이 아니다. 자연의 어느 한 곳 '양지바른 산기슭에'서 서로가 서로에 기대어 여러 꽃송이들이 꼼지락거리듯 어울려 피어 있는 꽃이다. 기막히게 잔잔한 아름다움으로 이루어진 꽃무리와 같다. 이 꽃들은 일부러 아름다움으로 꾸며 뽐내는 시가 아니다. 자신의 감정에 의해 단순하게 아름다움만으로 장식된 시도 아니다.

위의 시작품에서 첫째 연과 둘째 연이 확실히 대조되고 있음을 보여준다. 시에 있어서의 대조는 대상의 성격이나 현상들의 특징과 속성들을 대립적으로 두드러지게 표현하는 데에 그 목적이 있다. '화단'과 '양지바른 산기슭', '화려하게 으쓱대는' 것과 '오물오물 아기자기 핀', 그리고 '꽃'과 '소박한 시'가 서로 대립되어 있다. 그런데 좀 더 자세히 살펴보면 첫 연의 소재로 된 꽃은 '장미, 백합, 다알리아, 글라디올러스' 등 4종류의 꽃인데 둘째 연에는 '싸리꽃, 칡꽃, 타래난초' 등 3가지 꽃이 소재로 되어 있다. 이는 마치 오늘날의 시단에 대한 경고처럼 느껴져 화자의 의도성을 짐작하게 한다. 하루에도 얼마나 많은 수백 편 수천 편의 시작품들이 우후죽순처럼 우우우 소리치며 등장하는 지면誌面들 속에서 '화려하게 으쓱대는' 모습을 보여주고 있는가. 그러면서 화자는 근소한 차이로 첫 연에서 4종류의 꽃과 둘째 연에서는 3종류의 꽃을 등장시켜 놓고 있다. 그만큼 '화려하게 으쓱대는/ 꽃' 속에서 '소박한 詩'를 찾아보기 어렵다는 의미인지도 모른다. '소박한 詩'에서 '시'를 한자어로 강조하여 표현한 것이나 첫 연은 5행으로, 둘째 연은 4연으로 보다 짧은 시행을 가진 것도 그런 의미라 생각된다.

"목만 타는 詩// 이 녹슨 펌프에/ 마중물 부어줄/ 누구 없을까?"(「지하수」), 시를 "마지막 그대를 보았을 땐/ 아주 놓아버리자고 슬퍼하며/ 바다 기슭 해무 속으로/ 한없이 걸었지요"(「시여, 그대를 놔주마」), 또한 "조각보자기는/ 할머니의 연보/ 자서전"이라면서 "기, 승, 전, 결/ 네 귀를/ 한 땀 한 땀 맞추어/ 바늘로 쓴 詩"요 "지나간 세월/ 남루한 내 삶도/ 조각조각 모아 엮으면/ 詩가 될까"(「조각보자기」)라는 자문으로부터도 시에 대한 김영수의 남다른 자세를 엿볼 수 있게 한다.

3. 시는 깨달은 삶의 연륜이다

나이 든 사람은 스스로 두 번 다시 젊어지지 않는다는 것을 알고 있다. 그러나 아무리 나이가 들어가더라도, 점점 충족된 생활의 변화가 오히려 새롭게 시작되고, 마음이 점점 더 부드러워진다는 것은 젊음보다도 더욱 아름다운 일이다. 김영수 시인의 시작품은 바로 충족된 삶의 변화가 가져온 결과로서의 산물이다. 마음의 부드러움을 그대로 보여주고 있다. 맨 처음의 스케치 흔적까지 그대로 보여주는 엷은 수채화水彩画의 빛깔이다. 나이를 통하여 바라본 묵언黙言의 깨달음은 자기 자신을 바라볼 줄 아는 지혜로운 삶의 모습이기도 하다.

새 달력을 걸고 보니
희수 따라왔구나

가을이 깊었는데
이 애벌레는 아직도 나비가
못되었으니……

희수라니!

—「희수喜壽」 전문

나이에 들어 확실한 것은 뒤를 돌아볼 시간이 점점 늘어간다는 것이다. 대부분 점점 더 줄어만 가는 내일에 안타까워하면서 노

쇠해감을 스스로 불러들이는 경우가 비일비재하다. 그러나 나이에 들어 무한한 변화를 의식하게 된다면 내면에 감추어져 있는 새로운 눈을 뜨게 된다는 것을 화자는 안다.

화자는 문득 새해를 맞아 새해의 달력을 (벽에) 걸게 된다. 그러다가 문득 자신의 나이가 어느덧 희수喜壽에 이르렀다는 것을 깨닫는다. 70세의 희수稀壽가 아닌 77세의 희수喜壽이다. 일찍이 두보杜甫는 그의 시「곡강曲江 詩二」에서 '인생칠십고래희人生七十古來稀'라 하여 인생 70은 예부터 드물다 하였는데, 더더구나 옛부터 뜻대로 행하여도 도道에 어긋나지 않았다는 그 나이인 종심從心을 저만큼에 보내놓고 이제는 그보다도 훨씬 많은 77세의 희수喜壽에 이르고 말았으니 어찌 감회가 없으랴. 화자는 자신을 바라본다. 세월에는 이미 "가을이 깊었는데/ 이 애벌레는 아직도 나비가/ 못되었"다는 것이다. 스스로 '애벌레'라 말하면서 세상을 향하여 무한으로 날고 싶은 '나비'로의 변화를 꿈꾸는 모습은 '희수'를 인식하고 난 새로운 삶에의 눈뜸이다. "희수라니!"하고 짐짓 느끼는 것은 곧 "아직도 나비가/ 못 되었"다는 자탄이 아니라 '못되었으니……' 하는 '……' 속에서 새로움을 꿈꾸어 변화하고자 하는 우화등선羽化登仙의 표현이다. 나이에 들었다는 자포자기적인 좌절이 아니라 나이를 먹음으로써 비로소 열리게 되는 새로운 세계를 향한 발걸음이다. 이러한 무한의 변화 의도는 인생의 깊숙한 맛을 더욱 고매하게 해주어 화자의 인품을 느낄 수 있게 한다.

① 아무도 따라와 주지/ 않았다// 저 홀로/ 따라나서는/ 이 내 동반자

—「그림자」 전문

② 울지 말자/ 이르며 우는/ 이 뜨거운 가슴/ 흐르는 세월 보고/ 식히랄 수밖에

—「홀로서기」 전문

③ 상강霜降 하늘에/ 내던지는/ 국화 향기// 너라고/ 세월이/ 비껴갈까/

—「산국」 전문

④ 지지리 못난 열매/ 가슴에 가득 고인/ 천지의 향기// 서릿발 이고서야

—「모과」 전문

모두 짧은 시임에도 불구하고 화자의 삶의 모습을 미루어 짐작하고도 남게 한다. 이 시작품들은 모두 나이 먹는 것에 대하여 하등의 어떠한 두려움은 보이지 않는다. 오히려 나이를 먹어감에 따라 지금까지의 모든 장애를 극복하여 왔듯이 새로운 삶의 길로 나아가기 위해 자신을 바로 보면서 어떻게 살아가는 것이 가장 향기로운 삶인가를 깨닫고 있음을 보여준다.

①의 시작품에서 화자는 '그림자'는 "아무도 따라 와 주지/ 않"는데 여전히 "홀로/ 따라나서는/ 이 내 동반자"라고 말하고 있다. 그림자는 아무리 쫓아간다 하더라도 도망가고, 아무리 도망간다 하더라도 여전히 쫓아온다. 그림자는 삶의 희노애락에 물들지 않

는다. 그림자는 어떠한 또 다른 동행을 바라지도 않는다. 하루하루 환영幻影의 연속으로 묵묵히 화자와 동행할 뿐이다. 어떠한 말 한 마디도 없다. 오로지 어떤 감정에의 혼돈을 불러들이지 않고 화자와 함께 행동할 뿐이다. 따라서 그림자야말로 화자의 영원한 영상影像이기도 하며, 화자의 실체와 함께한다. 그러하거니와 화자와의 영원한 동반자가 된다. "아무도 따라와 주지/ 않"음에도 불구하고 그림자만이 "저 홀로" 화자를 "따라나서는/ 이 내 동반자"이거니와, 화자는 결코 쓸쓸하거나 외로울 수가 없다. 이는 오랜 삶을 살아온 그 깊이를 보여주는 것이요, 지난 날의 상황이라든가 번뇌와 고난의 인생길에서 초월하여 자아를 성찰함으로써 깨달은 생의 원숙함의 확인이다. 시간적 깊이와 삶에 있어서의 관조적인 기품을 엿볼 수 있게 하는 이 시작품은 내성의 경지에 이르러 자신의 본성과 만난 심연의 모습인 것이다.

②의 시작품에서도 이러한 실체 확인을 엿볼 수 있다. 삶이란 결국 무엇인가? 숱한 사람들이 삶에 대하여 이야기를 해왔고 또 지금도 그에 대하여 이야기하고 있다. 그러나 결론은 없다. 삶을 결론하자면 인생이 다 요구되고, 요구되는 인생을 말하려고 하면 끝이 나는 게 삶이다. "울지 말자/ 이르며 우는/ 이 뜨거운 가슴"으로 살아가다 보면 삶을 오히려 잃게 된다. 삶의 문제에 들어 삶의 문제를 이해하려고 하면 삶은 절로 닫히게 되어 삶의 고귀함까지 잃게 된다. 삶을 안다는 것은 곧 삶의 포기이기도 하다. 삶은 삶 그 자체로 하고, 그 삶은 "흐르는 세월 보고/ 식히랄 수밖에" 없다. 그것은 곧 삶을 말하지 아니하고 삶의 아름다움을 가지는 방법이기도 하다. 이러한 자각이 있는 화자의 삶에 대한 관조적 자

세는 가장 고귀한 삶의 모습을 그대로 보여주는 것이기도 하다.

그러나 이러한 삶의 실체 확인에 이르면서도 화자는 그것마저 초월한 모습을 보여준다. ③시작품「산국」에서는 '뜨거운 가슴'을 "흐르는 세월 보고/ 식히랄 수밖에"(「홀로서기」) 없다면서 다습고 아름다운 세월을 다 보내놓고서도, 이제 다시 차갑고 매서운 '상강霜降 하늘' 에 이르러서야 이 세상에 베풀 수 있는 너그럽고 자비로운 인생의 향기마저도 흐르는 세월 앞에 '내던지는' 듯 버린다. 고고한 삶은 인생의 향기마저도 버리게 한다. 이는 흐르는 세월을 묵묵히 그대로 받아들이는 순연純然한 삶의 모습이기도 하지만, 무욕無慾의 심성에서 우러나오는 색불이공色不異空 공불이색空不異色임을 말하고 있는 것이 아닐까. 그러하거니와 인생의 황혼 무렵인 '상강霜降 하늘에' '국화향기'마저 내던진다. 공空이 된다. 인생의 향기를 느끼게 하는 감각작용, 그 향기를 알아차리는 지각작용마저도 의지적인 행동으로 내던지면서 향기에 대한 식별작용마저 모두 공空이라는 사실을 깨닫게 한다.

이와 같이 삶, 즉 인생이란 색불이공色不異空 공불이색空不異色임을 시작품 ④에서도 말해주고 있다. 시작품 ③과 ④는 그 내용면에서 서로 다를 바가 없다. 그러면서도 느낌은 전혀 다르게 다가온다. 그것은 ③에서 "상강霜降 하늘에/ 내던지는/ 국화 향기"라는 행위로부터 시작되지만 ④에서는「모과」를 '지지리 못난 열매'라는 의지적 지각 작용으로부터 시가 시작되기 때문이다. 화자는 모과의 향기가 부질없음을 안다. 아무리 "서릿발 이고서야" "가슴에 가득 고인/ 천지의 향기"라지만 이것이 얼마나 부질없는 일인가. '천지의 향기'가 되기까지 '향기'에 오직 집착하여 허우적대면서 분별하지도 못하면서 '가슴에 가득 고'이게 하였지만 결국 '모과'는 '지지리 못난 열매'에 불과한 것이다. 그러하거니와 무엇으로 말미암아 어느 것 한 가지도 공空이요 색色으로 내세울 것조차 없다.

4. 시는 표표한 삶의 모양새다

어떤 의미에서 삶을 생각해 보면 그저 선 자리에 높이 떠있는 모습을 보여주고 있다. 삶의 표표漂漂함이다. 또 한 걸음 나아가면서 문득 뒤를 돌아보면 높이 떠있는 모습에서 가볍게 나부끼고 있는 것이 아닌가 하는 생각에도 이른다. 이른바 표표飄飄함이다. 그렇게 삶은 이루어지고, 그런 삶의 자리에서 그렇게 하루하루를 살아가는 모습을 보여주는 것이 곧 시이다. 다음 시작품을 살펴보자.

이끼 푸른
옹달샘
개구쟁이들이
깔깔대며
손종구락으로
물을 떠 마신다

길 가던 나그네
한참을 바라보더니

중얼중얼
허리춤에 찼던 표주박
던져버리고

빈손으로
가던 길 가네
—「빈손으로」 전문

이 시작품은 이렇다. 산기슭 어느 곳인지 마을의 어느 한 곳이던지, 아무튼 옹달샘 하나 놓여 있다. 맑디맑은 물이 솟아오르면서 흘러넘치기도 한다. 이끼가 푸른 것을 보니 한 여름인 듯하다. 푸른 이끼가 돋아난 모습으로 그곳에서 개구쟁이 몇몇이 깔깔대며 놀고 있다. 서로 옹달샘의 물을 끼얹으며, 때로는 작은 두 손을 모아 조그만 바가지 모양으로 만들어 옹달샘 물을 퍼마시곤 한다.

그때 마침 스님 한 분이 지나가고 있다. 옹달샘에서 깔깔거리며 노는 아이들의 모습이 그리 천진난만하게 보여 한참이나 발걸음을 멈추고 있다. 그런데 아뿔싸! 저리도 신나게 놀던 아이들이 물을 마실 때를 보니 두 손을 모아 조그마한 바가지를 만들어 물을 움켜 마시고 있지 아니한가. 순간 스님은 허리춤에 찬 표주박이 분수에 넘치는 하나의 소유물이 될 뿐이라는 걸 깨닫는다. 물을 마시는 데에 물만 마시면 되지 무슨 표주박이 필요하랴. 그러하거니와 스님은 더 이상 이곳 옹달샘가에서 머무를 필요가 없어진다. 표주박도 버리고 가던 길에 발걸음 할 뿐이다. 아이들을 통하

여 화자는 인생이란 그저 선 자리에 높이 떠있는 삶의 표표漂漂한 모습을 보여주는 것이라는 것을 말해준다

참선하던 청개구리
볼 일이 급했는지
연 잎사귀에
펄쩍 뛰어 오르더니

사리일까
수정일까
알알이 맺히네
—「수도암 청개구리」 전문

'수도암'이란 글자 그대로 '修道庵', 즉 참선하는 곳이다. 이곳에서는 '청개구리'도 참선을 한다? 그러나 '청개구리'는 개구장이로 잘 알려져 있다. 그러하거니와 참선을 한다고 하여 '청개구리'가 '청개구리'로부터 벗어나지는 못한다. 참선하는 청개구리로서는 어울리지 않게 "볼 일이 급했는지/ 연 잎사귀에/ 펄쩍 뛰어 오" 른다. 과연 청개구리답게 자발스럽게 보인다. 그 모습이야말로 청개구리의 진면목이다. 청개구리의 그 몸피가 잔약孱弱한 것이 오히려 귀엽고 앙증스럽고 깜찍하게 보인다. 그러면서도 자발스럽게 보이기도 한다. 그런데 이게 웬일? 청개구리가 '볼 일'을 본 연잎에 '사리일까/ 수정일까' 확실히 구별되지 않는 '알알이 맺'힌 것이 놓여있다. 그 맺힌 것은 청개구리의 '볼 일'의 결과물인 것은

분명하다. 비록 그것이 아침 이슬인지는 몰라도, 수도암에서 참선한 청개구리의 '볼 일'의 결과물인 바에야 고귀한 수정이요 사리가 된다. 청개구리의 잔망스러운 모습에서 '사리'와 '수정'으로 '알알이 맺'힌 것을 바라보는 화자의 마음은 삶의 표표飄飄함을 느끼게 해준다.

① 이수泥水에서
목을 빼고
하늘을
우러러
저리도
고운 웃음을
—「연꽃」 전문

② 여름 끝자락 그렇게도
자지러지게 절규하더니
허물만 오붓이 남겨두고
의연하게 떠났구나

손톱 발톱까지
투명하게 비운
말간 네 허물이
서럽도록 곱구나
—「매미 허물」 전문

①에서 '이수泥水'의 '이泥'는 '진흙, 진창, 흐리다, 더럽혀지고 썩다' 등 여러 뜻을 가지고 있으나, 굳이 '더럽혀지고 썩다'라고 여겨진다. 그것은 '진흙, 진창, 흐리다' 등은 얼마의 시간 뒤에 다시 맑아져 깨끗해질 수 있는 것이기 때문이다. 그러나 '더럽혀지고 썩다'는 불가능한 상태에 이름이다. 절망적인 물이다. 이런 물에서는 "목을 빼고/ 하늘을/ 우러러" 살아갈 수밖에 없다. 간절한 기구祈求가 필요하다. 그래서 "목을 빼고/ 하늘을 우러"른다. 목을 뺀다는 것은 더럽혀지고 썩은 물로부터 벗어나기 위한 간절한 몸부림이다. 스스로의 힘으로 벗어나기에는 역부족이다. 그래서 초자연적인 대상, 즉 절대자를 찾는다. 이른바 우러르는 '하늘'이다. 그리하여 마침내 「연꽃」은 "저리도/ 고운 웃음을" 가득 안은 꽃으로 핀어난다.

일반적으로 연꽃은 더러운 진흙 속에서 나서 아름다운 꽃을 피우기 때문에 그 더러움 속에서도 물들지 아니하고 의지를 고치지 않는 표상으로 여겨왔다. 또한 연을 자세히 말하면 속은 비어서 사심私心이 없고 가지가 뻗지 않아 흔들리지 않을 뿐만 아니라 그윽한 향기 또한 청정淸淨하여 그 지고의 자세를 본보기로 삼아왔다. 그 뿐만 아니라 불교에서는 연꽃을 신성시하여 불타佛陀의 보좌寶座로 하고 있다. 이 모두는 연꽃의 생태에 따른 추앙의 관점에서 바라본 결과다.

그러나 이 시작품에서 화자는 「연꽃」이 꽃을 피우기 위하여 그 더럽혀지고 썩어버린 물속에서 얼마나 노력하여 왔는가를 보여준다. 연이 지닌 생태적 변이에 따라 '이수' 속에서 저절로 피어난 꽃이 아니라 '이수'로부터 벗어나기 위하여 "목을 빼고/ 하늘을/

우러러"온 결과로서 피어난 꽃이다. 그러한 연꽃이기에 "저리도/ 고운 웃음을" 하면서 화자는 벅찬 감동에 휩싸인다. 이는 곧 연꽃이 가지는 품성 이전에 그 품성을 갖추기 위한 노력이 화자의 눈에 비친 것이어니, 이는 종래의 연꽃에 대한 통념通念을 송두리째 뒤바꾸어 놓은 새로운 시안詩眼의 결과라 아니할 수 없다.

②의 시작품은 "여름 끝자락 그렇게도/ 자지러지게 절규하"던 매미의 삶을 말하고 있다. 생명은 유한하다. 한정이 있다. 그러하기 때문에 생명이 영위하는 삶은 환상에 지나지 않으며, 또한 공허할 뿐이다. 생명에 주어진 한정된 시간의 '여름 끝자락'에 이르러서까지 '자지러지게 절규'하던 삶은 결국 '허물만 오붓이 남겨두고' 있을 뿐이다. 그런데 왜 화자는 그 허물을 보고 '의연하게 떠났'다고 말하는 것일까? '의연依然하다'라는 것은 '전과 다름없다'는 뜻이다. 지금까지 여느 '매미'의 삶 그대로 '허물만 오붓이 남겨두고' 있을 뿐이다.

그러나 매미는 일생의 삶을 "여름 끝자락 그렇게도/ 자지러지게 절규하"여 왔다. 여기에서의 '절규絶叫'란 온힘을 다하여 울부짖는 몸부림이 아니다. 슬픔의 울음도 아니다. 생에 주어진 삶에 최선을 다하는 모습일 뿐이다. 매미에게 주어진 삶이란 오직 울음 우는 일이다. 그러므로 그 울음을 위하여 마지막 힘을 다하고 있을 뿐이다. 주어진 시간도 많지 않다. 여름의 끝자락에 이르렀으니 그 시간은 매미에게 마지막 남은 시간이다. 화자는 이러한 매미의 일생을 바라보면서 "허물만 오붓이 남겨두고/ 의연하게 떠났"다면서 짐짓 감동에 사로잡힌다. 그러면서 화자는 매미의 허물을 자세히 본다. "손톱 발톱까지/ 투명하게 비운/ 말간" "허물"로 매미의 삶은 송두리째 마감되어 있다. 그 허물의 모습이 '서럽도록 곱'다. 한 생명이 삶을 다하여 죽음에 이르던 것은 슬픈 일임이 분명하다. 그러나 '의연하게 떠'남은 오히려 곱다. '의연하게 떠'나고 '서럽도록 곱'다는 이 역설을 통하여 화자는 한 생명의 삶을 표표漂漂한 모습으로 그려놓고 있는 것이다.

5.

하늘에서 내리는 물은 언제나 맑음이다. 그러나 그 물이 땅 위로 흐르노라면 흐려진다. 온갖 잡동사니 모두를 거부 없이 품어 안고 흐르기 때문이다. 그러나 아무리 흐리게 흐르더라도 본디 하늘에서부터 심연에 지니고 있던 그 맑음은 버리지 않는다. 골짜기 좁은 곳에서 흐름을 빨리하였다가 점점 크게 자라나면서부터 흐름을 천천히 한다. 마침내 너른 바다에 이르면 그 흐름을 멈추고 제 몸의 흐림을 하나 둘씩 걸러낸다. 본디 타고난 맑음을 보여준다. 그러하거니와 하늘이 태양빛과 함께 바다의 물결 위에서 노닐고, 어두운 밤에 달빛 또한 슬그머니 내려와 제 얼굴을 비추어 보기도 한다.

물의 맑음과 같이 맑음만으로 삶의 웃음을 잃지 않고 간직하고 있는 시인 김영수. 그는 분명한 물의 심성을 가지고 있다. 흘러넘치는 것이 아니라 작은 것까지도 품어 안을 수 있을 만큼의 물이다. 큰 바다에 닿을 수 있는 물이다. 땅위의 모든 물이 다 모이는 곳 바다. 그 바다에 닿으면 어떠한 물도 끊임없이 출렁이면서 맑음을 갈고 닦아가게 된다. 그리하여 김영수의 시안詩眼에 들어온

바다에서는 시가 곧 삶이 되어, 깨달은 삶의 연륜으로 출렁거리면서, 표표한 삶의 순정성純情性을 보여주고 있는 것이다.

해설

김영수의 두 편의 시에 대하여

반경환 『애지』 주간 · 철학예술가

김영수의 두 편의 시에 대하여
—「희수喜壽」와「꿈꾸는 시詩」

반경환『애지』주간 · 철학예술가

새 달력을 걸고 보니
희수 따라왔구나

가을이 깊었는데
이 애벌레는 아직도 나비가
못되었으니……

희수라니!

—「喜壽」전문

삶이란 무엇이고, 죽음이란 무엇인가? 이러한 명제는 형이상학적인 명제이며, 영원히 그 정답이 없는 수수께끼와도 같은 명제라고 하지 않을 수가 없다. 삶이란 이 세상에 태어나서 그가 죽을 때까지를 말하는 것이고, 죽음이란 그 수명을 다하여 수많은 원소(원자)들로 분해되어가는 것을 말한다. 하지만, 그러나 어떠한 삶이 잘 사는 삶이며, 어떻게 죽어가는 것이 올바른 죽음인가라는 문제에 대해서는 어느 누구도 손쉽게 대답을 할 수가 없다. 잘 산다는 것은 의롭게 산다는 것이며, 자기 자신의 삶이 만인들의 행복에 기여하는 삶을 말한다.

절대군주의 명령에도 불구하고 '오점 없는 명예'를 위해서 죽어간 사람도 있고, '악법도 법이다'라고 해외로의 망명을 거절하고 한 사발의 독배를 마시고 죽어간 사람도 있다. 비록, 소녀의 몸이지만 풍전등화 속의 조국을 구원하고 죽어간 사람도 있고, 채, 그 꽃이 피어나기도 전에, 영원한 숙적인 프랑스군과 싸우다가 장렬하게 죽어간 사람도 있다. '학사천오學思踐悟'. 배우고 생각하고 실천하며 깨닫는 마음, 바로 이 마음이 "아침에 도를 들으면 저녁에 죽어도 좋다"라는 공자의 사상으로 이어지기도 한다.

사는 법을 배우는 것은 죽는 법을 배우는 것이고, 죽는 법을 배우는 것은 사는 법을 배우는 것이다. 맹자는 이 네 가지 마음, 즉, 사단四端을 역설한 바가 있는데, 측은지심惻隱之心, 수오지심羞惡之心, 사양지심辭讓之心, 시비지심是非之心이 바로 그것이라고 할 수가 있다. 측은지심은 남을 불쌍히 여기는 것이고, 수오지심은 자신의 옳지 못한 행실을 부끄러워하고 남의 옳지 못한 행실을 미워하는 것이다. 사양지심은 겸손하여 타인에게 양보하는 마음이고, 시비지심은 옳고 그름을 분별하는 마음이다. 측은지심은 인仁의 단에 해당되고, 수오지심은 의義의 단에 해당된다. 사양지심은 예禮의 단에 해당되고, 시비지심은 지智의 단에 해당된다. 맹자의 '인의예지'는 사는 법과 죽는 법을 배운 사람의 도이며, 이러한 도를 실천하는 사람은 자기 자신의 목숨을 초개草芥와도 같이 여길

줄도 아는 것이다. 요컨대 아름답고 행복한 삶은 아름답고 행복한 죽음으로 이어지기도 하는 것이다.

'희수喜壽'라는 말은 오랜 세월을 살며 장수하니 기쁘다라는 뜻이지만, 그러나 오늘날은 그 희소가치가 없어져서 더없이 빛을 바랜 말이기도 하다. 불과 3~40년 전만 하더라도 인간의 평균 수명은 60세에 불과했고, 따라서 오래 산다는 것은 하늘의 축복처럼 생각되었던 것이다. 요컨대 오래 산다는 것은 인간의 자기 한계의 극복이며, 새로운 미래형의 인간의 출현을 뜻하기도 했던 것이다. 희喜는 기쁠 희이고, 수壽는 목숨 수이다. 희수는 77세를 가리키며, 77세는 모든 사람들의 존경과 경의의 대상이기도 했던 것이다.

하지만, 그러나 이제는 '너도 나도 다같이 오래 살게 되었고', '9988234'라는 시중의 유행어가 이심전심以心傳心으로 떠돌아 다니게 되었다. 아흔아홉 살까지 팔팔하게 살다가 이삼사 일만에 죽고 싶다는 꿈 앞에서, 이제 77세는 그렇게 대단한 사건이 될 수가 없지만, 그러나 '저출산—고령화 사회'를 맞이하여, '수오지심'을 아는 사람은 그것을 매우 부끄럽게 생각하게 되는 것이다. 늙음은 젊음과도 다르고, 늙음은 건강을 상실한 것은 물론, 먹이활동도 제대로 하지 못하는 것을 말한다. 하지만, 그러나 젊음이 늙음 앞에 기를 펴지 못하며, 늙음이 젊음을 갉아먹게 된다. 생식활동이 끝나면 다 살았다는 것이 되고, 60세 이후는 잉여인생에 지나지 않게 된다. "새 달력을 걸고 보니/ 희수 따라왔구나"는 부끄러움을 아는 마음이며, 너무나도 많이 살아왔다는 조용한 탄성이라고 할 수가 있다. "새 달력을 걸고 보니/ 희수 따라왔구나"라는 시구는 정월초의 시간을 지시하고, "가을이 깊었는데/ 이 애벌레는 아직도 나비가/ 못되었으니……"라는 시구는 시적 화자의 육체적인 나이의 시간(계절)을 지시한다.

때는 새해이고 정월초이지만, 그는 점점 더 가을 깊숙히 들어가며, 우화등선羽化登仙의 날만을 기다리고 있는 것이다. 김영수 시인은 희수를 맞이하여 결코 기뻐하지 않으며, 조용한 신음처럼 탄성을 뱉어내게 된다. 세월은 너무나도 빠르고, 인생은 무상하다. "희수라니!"――, 돌이켜 보면 한순간을 잠깐동안 산 것 같은데, 어느덧 이 세상을 떠날 때가 지난 것이다.

「희수」는 더없이 맑고 깨끗한 시이다. 사는 법과 죽는 법을 배운 시인의 시이며, 오점 없는 명예를 아는 시인의 시라고 할 수가 있다. 희수의 기쁨보다는 한없는 부끄러움이 나비의 날개를 달고, 희수의 시공간을 조용하지만 더없이 아름다운 날갯짓으로 가득 채우게 된다. "희수라니!"――, 희수의 기쁨을 빠-알간 단풍잎처럼 물들여 놓고, 그 텅 빈 여백을 하얀 나비처럼 훨훨훨 날아가고 있는 것이다. 이처럼 간결한 언어와 수천 년의 시공간을 찍어 누를 듯한 '여백의 미학'을 생각해볼 때, 김영수 시인의 한평생도 더없이 아름답고 행복했다고 하지 않을 수가 없다.

호랑나비가 사랑하는 꽃

그 씨 하나 얻으려고 일 년

그 꽃 보려고 다시 일 년

—「꿈꾸는 詩」 전문

오르페우스가 실연失戀을 하지 않았더라면 그의 피리 소리는 더 이상 아름답지 않았을 것이고, 이탈리아의 시인 페트라르카가 실연을 하지 않았더라면 그의 시는 더 이상 만인들의 마음을 사로잡지 못했을 것이다. 사랑은 삶의 절정이며, 환희 그 자체이다.

꽃은 식물의 생존의 노력의 결정체이고, 청춘은 인간의 생존의 노력의 결정체이다. 꽃이 핀다는 것은 자기 자신의 존재의 문을 활짝 열고 아름다운 자태와 향기를 통해서 수많은 벌과 나비들을 불러 모은다는 것을 뜻하고, 그 꽃을 찾아간다는 것은 자기 자신의 존재의 문을 활짝 열고 그 부름에 응답한다는 것을 뜻한다. 모든 성교는 반드시 달콤하고 짜릿하고 황홀해야 될 필요가 여기에 있다. 이것은 종족의 명령이기도 한 것이다. 만일, 우리 인간들의 성교가 무의미한 고통과 권태 뿐이라면, 이 세상의 모든 인간들의 삶과 역사는 가능하지가 않다. 왜냐하면 모든 인간들이 성교를 기피하게 되고, 더 이상의 새로운 존재(자손)의 싹은 움터 나오지 않을 것이기 때문이다.

사랑은 고귀하고 순결하며, 사랑은 아름답고 영원하다. 소크라테스에게 있어서의 사랑이란 거룩한 행위이며 영생의 다이아

몬드였고, 고대 로마의 장군에게 있어서의 사랑이란 수천의 승리를 버리더라도 반드시 돌아가야만 하는 지상 최대의 명령이었던 것이다.

호랑나비는 가장 아름답고 화려한 나비이며, 나비 중의 나비라고 할 수가 있다. 호랑나비가 꽃을 찾아가 채밀을 하는 행위 역시도 사랑하는 짝(꽃)을 찾아서 2세를 낳고 싶다는 욕망에 지나지 않으며, 호랑나비가 꽃을 찾아간다는 것은 자기 자신의 그 모든 것을 다 걸었다는 것을 뜻하게 된다. 발정기는 이성을 잃어버리는 매우 위험한 시기이며, 오직 성교할 권리를 얻기 위하여 그 모든 에너지들을 다 쏟아붓는 시기라고 하지 않을 수가 없다. 사랑은 견딤이며, 그 꽃(짝)을 찾으려고 수십 년을 견디지 않으면 안 된다. 사랑은 또한 그 씨앗을 얻으려고 수십 년을 견디지 않으면 안 되고, 사랑은 또한 그 씨앗의 꽃을 보려고 수십 년을 견디지 않으면 안 된다.

할아버지의 할아버지와 아버지의 아버지와 아들의 아들에 이르기까지의 대물림은 종족의 역사이며, 최고급의 격세유전이라고 할 수가 있다. 견딤은 1년도 하루와 같고, 견딤은 10년도 하루와 같으며, 견딤은 30년도 하루와 같다. 사랑은 진실이 없으면 살지 못한다는 에로스의 말도 바로 이 '견딤의 미학'에 맞닿아 있는 것이다.

시에는 사악한 생각이 하나도 없다. 시는 언어의 꽃이며, 시는 언어의 열매이다. 호랑나비는 꽃이 되고, 꽃은 씨앗이 된다. 씨앗은 시가 되고, 시는 시인이 된다. 김영수 시인의 「꿈꾸는 詩」는 사랑의 꽃이며, 사랑의 열매이다.

시도 아름답고 인간도 아름답다. 김영수 시인은 단 삼 행의 시로 '사랑의 위대함'을 압도적으로 인식시키고, 이 '견딤의 미학'을 가장 아름답고 화려하게 꽃 피워낸 것이다.

경북 예천의 '석송령'이라는 나무처럼……

경북 예천에는 '석송령石松靈'이라는 소나무가 있다. 석평마을의 마을 앞에서 자라고 있는 이 소나무는 그 나이가 600년 정도로 추정되며, 높이가 11m이고, 둘레는 3.67m나 된다고 한다. 석송령은 밑동에서부터 여러 가지로 갈라져 있고, 전체적으로는 크나큰 우산모양을 하고 있으며, 더욱더 이채로운 것은 그 수많은 가지들의 무게를 지탱해 주기 위해서 돌로 된 기둥을 세워놓은 것이라고 할 수가 있다. 전설에 의하면, 약 600년 전 풍기지방에 큰 홍수가 났을 때, 석간천을 떠내려오던 소나무를 그 자리에 심은 것이라고 하며, 그후, 석평마을에 살던 이수목李秀睦 씨가 '석평마을의 영험한 소나무'라는 뜻으로 '석송령石松靈'이라는 이름을 지어주고, 자기 자신의 토지 6,600m^{2}를 물려주고 등기까지 내어주었다고 한다. 박정희 대통령은 이 소나무를 보고 500만원의 돈을 하사한 적도 있었고, 따라서 석송령의 재산으로 국가를 위해서 세금도 내고, 석평마을의 학생들에게 장학금도 주게 되었던 것이다.

경북 예천의 석평마을의 석송령은 매우 어질고 인자한 부자 소나무이며, 그 아름답고 뛰어난 자태는 명실공히 천연기념물의 이름에 값하고 있다고 하지 않을 수가 없다. 나는 이 석송령을 바라보면서, 이 석송령보다도 이수목 씨의 매우 어질고 인자한 마음

씨를 떠올려 보지 않을 수가 없었다. 석송령의 아름다움은 이수목 씨의 정신의 아름다움이며, 이수목 씨의 정신의 아름다움이 모든 사람들의 마음을 사로잡는 석송령으로 자라나고 있었던 것이다. 이수목 씨의 육체는 이미 소멸되어갔지만, 그러나 그 육체가 꽃 피웠던 미덕(정신)은 이 석송령처럼 영원불멸의 삶을 살아가고 있는 것이다. 석송령은 해마다 세금을 내고 장학금을 주는 소나무이며, 더없이 어질고 인자한 천사이고, 궁극적으로는 우리 대한민국의 민족정신을 살아 움직이게 하는 '수목신화樹木神話'의 산증인이라고 해도 과언이 아니다. 우리 한국인들은, 아니, 모든 세계인들은 하루바삐 마음이 부자인 이 석송령처럼 살아가지 않으면 안 된다.

나는 이수목 씨의 학문적 깊이는 잘 모르고 있지만, 그러나 그는 '석평마을의 영험한 소나무', 즉, '석송령'이라는 영원불멸의 이름을 명명한 바가 있었던 것이다. 앎(지혜)은 자기 자신을 끌어올리고, 앎은 모든 인간들을 더욱더 높이 높이 끌어올려 준다. 앎을 가진 자는 언어의 기원의 창시자이며, 그는 마치, 전제군주처럼 그 모든 것을 자기 자신의 언어로 명명하게 된다.

"당신도, 당신도 석송령 앞에 가서 서보라!"

만일, 당신이 석송령 앞에 가서 서본다면, 사사건건 이해타산만을 따지던 당신의 존재마저도 잊게 되고, 그 석송령처럼 수목신화를 꽃 피우며 영원불멸의 삶을 살고 싶어질 것이다. 석송령은 이수목 씨가 그의 붉디 붉은 피로 쓴 시詩이며, 그의 거룩하고 순결한 언어(피)의 상징이라고 할 수가 있다.

— 반경환, 『이 세상에서 가장 아름다운 명문장들』, 「저자서문」에서

호랑나비가 사랑하는 꽃

그 씨 하나 얻으려고 일 년

그 꽃 보려고 다시 일 년

김영수 시인의 「꿈꾸는 詩」는 되풀이 읽을수록 수많은 울림들을 낳고 있으며, 이 울림들이 다양한 사랑의 의미와 그 무늬의 결들로 마치 금강산의 일만이천봉처럼 우뚝우뚝 솟아오르게 된다. 다의적이며 다성적인 사랑의 메아리들이 수많은 산새들의 노래처럼 울려 퍼지고 있는 것이다.

김영수

김영수 시인은 1934년 충남 서산에서 출생했고, 2005년 『조선문학』으로 등단했다. '서산여성문학회 회장', '마삼말쌈 시낭송회 초대회장'을 역임했으며, 서산문화대상을 받았다.
시는 언어의 꽃이며, 시는 언어의 열매이다. 호랑나비는 꽃이 되고, 꽃은 씨앗이 된다. 씨앗은 시가 되고, 시는 시인이 된다. 김영수 시인의 「꿈꾸는 詩」는 사랑의 꽃이며, 사랑의 열매이다.
시도 아름답고 인간도 아름답다. 김영수 시인은 단 삼 행의 시로 '사랑의 위대함'을 압도적으로 인식시키고, 이 '견딤의 미학'을 가장 아름답고 화려하게 꽃 피워 낸 것이다.

김영수 시집

꿈꾸는 詩

발　행 2015년 8월 21일
지은이 김영수
펴낸이 반송림
편집디자인 김지호
펴낸곳 도서출판 지혜
계간시전문지 애지
기획위원 반경환 이형권 황정산
주　소 34624 대전광역시 동구 선화로 203-1 2층 도서출판 지혜 (삼성동)
전　화 042-625-1140
팩　스 042-627-1140
전자우편 ejisarang@hanmail.net
애지카페 cafe.daum.net/ejiliterature

ISBN : 979-11-5728-035-3 03810
값 10,000원